Lesestufe 1

Disney Winnie Puuh

Was wächst denn da?

XENOS

ISBN 978-3-8212-2507-4

Basierend auf den „Winnie the Pooh"-Werken
von A.A. Milne und E.H. Shepard.
Verantwortlich für diese Ausgabe:
XENOS Verlagsgesellschaft mbH
Am Hehsel 40, 22339 Hamburg
Konzept und Text: Bettina Grabis
Gestaltung: X-six agency GmbH, Hamburg
Printed in Italy

Liebe Eltern,

Lesen ist eine der wichtigsten Kulturtechniken, die Kinder erlernen müssen. Denn die Lesekompetenz ist ausschlaggebend für den Erfolg in Schule und Beruf.

Um das Lesenlernen zu erleichtern, wurde diese Reihe geschaffen. Die Einteilung in Lesestufen macht es einfach, Anfängern je nach Können den richtigen Lesestoff anzubieten. So wird Ihr Kind weder unterfordert und gelangweilt noch überfordert und abgeschreckt.

Spannende Geschichten, ein angepasster Wortschatz und Texte in der optimalen Länge sorgen in jeder Stufe für Lesespaß und motivieren Ihr Kind, die nächste Stufe zu erklimmen.

Viel Freude mit diesem Buch!
Ihr Leseleuchte-Team

Schritt für Schritt lesen lernen

Lesestufe 1

Überschaubare Geschichten, kurze Sätze, ein einfacher Wortschatz und extragroße Fibelschrift vermitteln Anfängern Spaß am Lesen.

Lesestufe 2

Für Kinder, die anfangen allein zu lesen, stellen spannende Geschichten mit angepasstem Wortschatz eine neue Herausforderung dar.

Lesestufe 3

Kleinere Bilder geben Raum für längere Texte. Kapitel für Kapitel lernen selbstständig lesende Kinder in komplexeren Geschichten neue Wörter.

„Ich habe keine Möhren mehr“,
sagt Kanga.
„Kommst du mit zu Rabbit?“

„Au ja!“, ruft Klein Ruh.
Er besucht Rabbit gerne
in seinem Garten.

„Da vorn ist Rabbit“, sagt Kanga.
„Das sind aber viele Möhren!“,
staunt Klein Ruh.

Rabbit ist wie immer sehr fleißig.
Er hat schon einen ganzen Berg
Möhren geerntet.

Da entdeckt Klein Ruh ein Schild.
Es zeigt eine Möhre, eine Gurke,
Erbsen und Tomaten.
„Gibt es all das Gemüse
in Rabbits Garten?“, fragt er.
„Ja“, antwortet Kanga.
„Rabbits Garten ist riesig.“

„Ich will auch so einen Garten“, sagt Klein Ruh.
„Ein großer Garten macht aber sehr viel Arbeit“, erklärt Kanga.

Kurz darauf kommen auch Tigger,
Puuh und Eule bei Rabbit vorbei.
„Das Gemüse sieht toll aus!“,
sagt Tigger.

„Wächst es ganz allein?“,
fragt Puuh.
„Nein. Dafür muss ich viel tun“,
erklärt Rabbit.

Rabbit schenkt jedem eine kleine Tüte.
„Da sind Samen drin!“, verrät er.
„Die müsst ihr in die Erde stecken.“

„Und was wächst dann?“, fragt Ferkel.
„Das ist eine Überraschung“,
sagt Rabbit.

„Aus jedem Samen wird etwas Tolles wachsen!“, verspricht Rabbit.
„Ich will etwas ganz Großes!“, ruft Tigger.

„Wir brauchen Platz für unsere Samen“,
meint Eule.
„Ihr bekommt alle ein Beet
in meinem Garten“, sagt Rabbit.

„Zuerst müsst ihr die Erde umgraben.
Macht dann Löcher für die Samen.
Zum Wachsen brauchen Pflanzen
Sonne und Wasser“, erklärt Rabbit.

Tigger kann es kaum erwarten.
„Los!“, ruft er.
„Zeig mir mein Beet!“

Die Freunde gehen sofort an die Arbeit.
Sie graben die Erde um.
Sie stecken die Samen in die Erde.

Dann gießen sie Wasser darüber.
„Jetzt müssen wir nur noch warten!“,
sagt Eule.

„Das dauert aber lange!“, stöhnt Tigger.
Er schaut durch seine Lupe.
„Nichts!
Da ist noch gar nichts zu sehen!“

„Ihr müsst Geduld haben“,
sagt Rabbit.
„Wachsen braucht seine Zeit.“

„Vielleicht haben wir
etwas falsch gemacht?“,
befürchtet Winnie Puuh.
Eule schaut auf seinen Zettel.
„Nein“, sagt er.
„Wir haben alles richtig gemacht.“

„Wir müssen die Samen verwöhnen“,
meint Klein Ruh.
„Das ist eine super Idee!“, ruft Tigger.

Jeder lässt sich etwas einfallen.
Ferkel legt eine weiche Decke
auf sein Beet.

Tigger tanzt um sein Beet herum.
„Wachst, meine Samen, wachst“,
singt er.

„Mein Windrad bringt Glück“,
sagt Klein Ruh.
Er hält es über sein Beet.
„Ich will auch Glück!“, ruft Tigger.

Da geht Klein Ruh auch
zu den anderen Beeten.
„Jetzt haben wir alle Glück!“,
freut er sich.

Puuh gibt süßen Honig auf sein Beet.
„Mir hat Honig beim Wachsen
sehr geholfen“, sagt er.

Ein paar Tage später ist es so weit.
Auf allen Beeten wächst etwas:
Blumen und Gemüse.
„Das ist eine tolle Überraschung!",
freut sich Tigger.

Nur auf Puuhs Beet ist nichts zu sehen.
„Was habe ich denn falsch gemacht?“,
überlegt er.

Die anderen ernten ihr Gemüse
und die Blumen.
„Sei nicht traurig, Puuh“, sagt Ferkel.
„Wir teilen mit dir.“

Wenig später macht Puuh große Augen.
Nun leuchtet sein Beet rot und grün.
„Seht euch das an!“, ruft Puuh.

„So schöne Erdbeeren habe ich noch nie gesehen“, lobt Rabbit. „Du bist ein sehr guter Gärtner!“

„Vielen Dank für die Samen“,
sagt Winnie Puuh.
Er gießt sein Beet noch einmal.

„Wisst ihr was?“, ruft er.
„Ihr dürft mir alle
beim Essen meiner Erdbeeren helfen!“

Übung macht den Meister!

Auf den nächsten Seiten wollen
Winnie Puuh und seine Freunde noch
ein bisschen lesen üben. Machst du mit?
Toll! Hast du einen Bleistift?
Dann kann es losgehen!
Viel Spaß!

1. Wie viele Tüten hat Rabbit in der Hand?
Kreuze die richtige Antwort an.

- [ ] EineTüte.
- [ ] Zwei Tüten.
- [ ] Drei Tüten.
- [x] Vier Tüten.

2. Was trägt I-aah auf dem Kopf?
Kreuze die richtige Antwort an.

- [ ] Einen Eimer.
- [x] Einen Hut.
- [ ] Eine Mütze.
- [ ] Einen Deckel.

3. Wodurch schaut Tigger auf sein Beet? Schreibe den Namen des Gegenstandes bitte in die Zeile.

Eine hupe

4. Wer ist auf dem Bild nicht zu sehen? Kreuze seinen Namen an.

- [x] Tigger.
- [ ] Winnie Puuh.
- [ ] Klein Ruh.
- [ ] Ferkel.

5. Was macht Tigger?

Kreuze den richtigen Satz an.

- [ ] Tigger sitzt.
- [ ] Tigger läuft.
- [x] Tigger hüpft.
- [ ] Tigger schläft.

6. Welcher Satz passt zu dem Bild?

Kreuze ihn an.

- [x] Rabbit arbeitet im Garten.
- [ ] Rabbit gießt die Blumen.
- [ ] Rabbit isst Möhren.

7. Womit verwöhnt Puuh sein Beet?
Kreuze die richtige Antwort an.

- [ ] Mit Zucker.
- [x] Mit Honig.
- [ ] Mit Milch.
- [ ] Mit Salz.

8. Kreuze bitte alle Dinge an,
die du auf dem Bild siehst.

- [x] Hut.
- [x] Wasser.
- [x] Sonne.
- [x] Eimer.

9. Welcher Satz passt zu dem Bild?
Kreuze ihn an.

- [ ] Ferkel streut Samen.
- [x] Ferkel zieht Rillen in die Erde.
- [ ] Ferkel macht eine Pause.

10. Was hält Klein Ruh in der Hand?
Schreibe die Antwort bitte in die Zeile.

Ein Glückswintrad

11. Was macht Klein Ruh mit den Samen?
Kreuze den richtigen Satz an.

- [ ] Er gießt sie.
- [ ] Er putzt sie.
- [x] Er streut sie.
- [ ] Er isst sie.

12. Was macht Tigger auf dem Bild?
Kreuze die richtige Antwort an.

- [ ] Tigger ruht sich aus.
- [ ] Tigger pflückt Blumen.
- [x] Tigger tanzt um sein Beet herum.

13. Welcher Satz stimmt?
Kreuze ihn an.

- [x] Ferkels Decke ist rosa.
- [ ] Ferkels Decke ist lila.
- [ ] Ferkels Decke ist rot.

14. Wie viele Blumen hat Tigger?
Schreibe die Antwort bitte als Satz in die Zeilen.

Vier Blumen hat Tiger dort
in seinem Bett.

15. Welcher Satz stimmt?
Kreuze ihn an.

- [ ] Rabbit ist ein Bär.
- [ ] Rabbit ist ein Esel.
- [x] Rabbit ist ein Hase.
- [ ] Rabbit ist ein Kind.

16. Welche Farbe hat Eules Gießkanne?
Kreuze die richtige Antwort an.

- [ ] Die Gießkanne ist grün.
- [ ] Die Gießkanne ist gelb.
- [x] Die Gießkanne ist blau.
- [ ] Die Gießkanne ist rot.

17. Wer ist auf dem Bild zu sehen?

Schreibe ihre Namen bitte in die Zeilen.

Klein Ruh, Tigger
Und
Ferkel

18. Was macht Winnie Puuh?

Kreuze den richtigen Satz an.

- [ ] Winnie Puuh lacht.
- [x] Winnie Puuh überlegt.
- [ ] Winnie Puuh weint.
- [ ] Winnie Puuh tanzt.

19. Wen trägt Rabbit auf dem Arm?
Kreuze die richtige Antwort an.

- [ ] Rabbit trägt I-aah.
- [x] Rabbit trägt Klein Ruh.
- [ ] Rabbit trägt Ferkel.
- [ ] Rabbit trägt Puuh.

20. Welcher Satz passt zu dem Bild?
Kreuze ihn an.

- [ ] Es regnet.
- [x] Die Sonne scheint.
- [ ] Es schneit.
- [ ] Der Wind bläst.

21. Welcher Satz stimmt?
Kreuze ihn an.

- [ ] Eule ist ein Hase.
- [ ] Eule ist eine Maus.
- [ ] Eule ist ein Mädchen.
- [x] Eule ist ein Vogel.

22. Welche Früchte magst du am liebsten? Verrate es Winnie Puuh und seinen Freunden.

Sonnenblumen
Erdbeeren
Blumen

Gemüse

Hast du alles richtig beantwortet?

1. Frage: Vier Tüten.

2. Frage: Einen Hut.

3. Frage: Lupe.

4. Frage: Tigger.

5. Frage: Tigger hüpft.

6. Frage: Rabbit arbeitet im Garten.

7. Frage: Mit Honig.

8. Frage: Hut, Wasser, Eimer.

9. Frage: Ferkel zieht Rillen in die Erde.

10. Frage: Ruh hält ein Windrad.

11. Frage: Er streut sie.

12. Frage: Tigger tanzt um sein Beet herum.

13. Frage: Ferkels Decke ist rosa.

14. Frage: Tigger hat vier Sonnenblumen.

15. Frage: Rabbit ist ein Hase.

16. Frage: Die Gießkanne ist blau.

17. Frage: Ferkel, Klein Ruh und Tigger.

18. Frage: Winnie Puuh überlegt.

19. Frage: Rabbit trägt Klein Ruh.

20. Frage: Die Sonne scheint.

21. Frage: Eule ist ein Vogel.